出 출	婆 바	功 공	樹 수	在 재		
生 생	王 왕	德 덕	光 광	方 방	復 부	世 세
歡 환	得 득	莊 장	乾 건	便 편	次 차	主 주
喜 희	永 영	嚴 엄	闥 달	攝 섭	持 지	妙 묘
藏 장	斷 단	解 해	婆 바	一 일	國 국	嚴 엄
解 해	一 일	脫 탈	王 왕	切 체	乾 건	品 품
脫 탈	切 체	門 문	得 득	衆 중	闥 달	
門 문	衆 중	淨 정	普 보	生 생	婆 바	第 제
華 화	生 생	目 목	見 견	解 해	王 왕	一 일
冠 관	憂 우	乾 건	一 일	脫 탈	得 득	之 지
乾 건	苦 고	闥 달	切 체	門 문	自 자	三 삼

闥婆王得永斷一切衆生邪
달바왕득영단일체중생사

見惑解脫門喜步普音乾闥
견혹해탈문희보보음건달

婆王得如雲廣布普蔭澤一
바왕득여운광포보음택일

切衆生解脫門樂搖動美目
체중생해탈문낙요동미목

乾闥婆王得現廣大妙好身
건달바왕득현광대묘호신

令一切獲安樂解脫門妙音
영일체획안락해탈문묘음

師子幢乾闥婆王得普散十
사자당건달바왕득보산시

方一切大名稱寶解脫門普
방일체대명칭보해탈문보

放寶光明乾闥婆王得現一
방보광명건달바왕득현일

切大歡喜光明淸淨身解脫
체대환희광명청정신해탈

門金剛樹華幢乾闥婆王得
문금강수화당건달바왕득

普滋榮一切樹令見者歡喜
보자영일체수영견자환희

解脫門普現莊嚴乾闥婆王
해탈문보현장엄건달바왕

得善入一切佛境界與衆生
득선입일체불경계여중생

安樂解脫門
안락해탈문

爾時持國乾闥婆王承佛
이시지국건달바왕승불

威力普觀一切乾闥婆衆而
위력보관일체건달바중이

說頌言
설송언

諸佛境界無量門
제불경계무량문

一切衆生莫能入
일체중생막능입

善逝如空性淸淨
선서여공성청정

普爲世間開正道
보위세간개정도

如來一一毛孔中
여래일일모공중

功德大海皆充滿
공덕대해개충만

一切世間咸利樂
일체세간함리락

此樹光王所能見
차수광왕소능견

世間廣大憂苦海
세간광대우고해

佛能消竭悉無餘
불능소갈실무여

如來慈愍多方便
여래자민다방편

淨目於此能深解
정목어치능심해

十方刹海無有邊
시방찰해무유변

佛以智光咸照耀
불이지광함조요

普使滌除邪惡見
보사척제사악견

此樹光王所入門
차수광왕소입문

佛於往昔無量劫
불어왕석무량겁

修習大慈方便行 (수습대자방편행)
一切世間咸慰安 (일체세간함위안)
此道普音能悟入 (차도보음능오입)
佛身清淨皆樂見 (불신청정개락견)
能生世間無盡樂 (능생세간무진락)
解脫因果次第成 (해탈인과차제성)
美目於斯善開示 (미목어사선개시)

衆生迷惑常流轉
중생미혹상류전

愚癡障蓋極堅密
우치장개극견밀

如來爲說廣大法
여래위설광대법

師子幢王能演暢
사자당왕능연창

如來普現妙色身
여래보현묘색신

無量差別等衆生
무량차별등중생

種種方便照世間
종종방편조세간

사경의 공덕은 십만억 부처님께 공양한 것과 같은 공덕이 있습니다.

妙音如是觀於佛
묘음여시관어불

大智方便無量門
대지방편무량문

佛爲群生普開闡
불위군생보개천

入勝菩提眞實行
입승보리진실행

此金剛幢善觀察
차금강당선관찰

一刹那中百千劫
일찰나중백천겁

佛力能現無所動
불력능현무소동

等以安樂施群生
등이안락시군생

此樂莊嚴之解脫
차락장엄지해탈

復次增長鳩槃荼王得滅
부차증장구반다왕득멸

一切怨害力解脫門龍主鳩
일체원해력해탈문용주구

槃荼王得修習無邊行門海
반다왕득수습무변행문해

解脫門莊嚴幢鳩槃荼王得
해탈문장엄당구반다왕득

知一切衆生心所樂解脫門
지일체중생심소락해탈문

慧 혜	切 체	妙 묘	切 체	可 가	淸 청	饒 요
鳩 구	衆 중	莊 장	衆 중	怖 포	淨 정	益 익
槃 반	生 생	嚴 엄	生 생	畏 외	大 대	行 행
茶 다	愛 애	鳩 구	安 안	鳩 구	光 광	鳩 구
王 왕	欲 욕	槃 반	隱 은	槃 반	明 명	槃 반
得 득	海 해	茶 다	無 무	茶 다	所 소	茶 나
普 보	解 해	王 왕	畏 외	王 왕	作 작	王 왕
現 현	脫 탈	得 득	道 도	得 득	業 업	得 득
諸 제	門 문	消 소	解 해	開 개	解 해	普 보
趣 취	高 고	竭 갈	脫 탈	示 시	脫 탈	成 성
光 광	峰 봉	一 일	門 문	一 일	門 문	就 취

明雲解脫門勇健臂鳩槃荼
명운해탈문용건비구반다

王得普放光明滅如山重障
왕득보방광명멸여산중장

解脫門無邊淨華眼鳩槃荼
해탈문무변정화안구반다

王得開示不退轉大悲藏解
왕득개시불퇴전대비장해

脫門廣大面鳩槃荼王得普
탈문광대면구반다왕득보

現諸趣流轉身解脫門
현제취류전신해탈문

爾時增長鳩槃荼王承佛
이시증장구반다왕승불

威力普觀一切鳩槃茶衆而
위력보관일체구반다중이

說頌言
설송언

成就忍力世導師
성취인력세도사

爲物修行無量劫
위물수행무량겁

永離世間憍慢惑
영리세간교만혹

是故其身最嚴淨
시고기신최엄정

佛昔普修諸行海
불석보수제행해

教化十方無量衆 (교화시방무량중)
種種方便利群生 (종종방편이군생)
此解脫門龍主得 (차해탈문용주득)
佛以大智救衆生 (불이대지구중생)
莫不明了知其心 (막불명료지기심)
種種自在而調伏 (종종자재이조복)
嚴幢見此生歡喜 (엄당견차생환희)

神通應現如光影 (신통응현여광영)
法輪眞實同虛空 (법륜진실동허공)
如是處世無央劫 (여시처세무앙겁)
此饒益王之所證 (차요익왕지소증)
衆生癡翳常蒙惑 (중생치예상몽혹)
佛光照現安隱道 (불광조현안은도)
爲作救護令除苦 (위작구호영제고)

可畏能觀此法門 (가외능관차법문)
欲海漂淪具衆苦 (욕해표윤구중고)
智光普照滅無餘 (지광보조멸무여)
旣除苦已爲說法 (기제고이위설법)
此妙莊嚴之所悟 (차묘장엄지소오)
佛身普應無不見 (불신보응무불견)
種種方便化群生 (종종방편화군생)

音如雷震雨法雨
음여뇌진우법우

如是法門高慧入
여시법문고혜입

清淨光明不唐發
청정광명불당발

若遇必令消重障
약우필영소중장

演佛功德無有邊
연불공덕무유변

勇臂能明此深理
용비능명차심리

爲欲安樂諸衆生
위욕안락제중생

修習大悲無量劫 (수습대비무량겁)
種種方便除衆苦 (종종방편제중고)
如是淨華之所見 (여시정회지소견)
神通自在不思議 (신통자재불사의)
其身普現偏十方 (기신보현변시방)
而於一切無來去 (이어일체무래거)
此廣面王心所了 (차광면왕심소료)

邊 변	諸 제	脫 탈	自 자	門 문	滅 멸	
名 명	有 유	門 문	龍 용	娑 사	一 일	復 부
號 호	趣 취	雲 운	形 형	竭 갈	切 체	次 차
海 해	中 중	音 음	示 시	羅 라	諸 제	毘 비
解 해	以 이	幢 당	現 현	龍 용	龍 용	樓 루
脫 탈	清 청	龍 용	無 무	王 왕	趣 취	博 박
門 문	淨 정	王 왕	量 량	得 득	熾 치	叉 차
焰 염	音 음	得 득	衆 중	一 일	然 연	龍 용
口 구	說 설	於 어	生 생	念 념	苦 고	王 왕
龍 용	佛 불	一 일	身 신	中 중	解 해	得 득
王 왕	無 무	切 체	解 해	轉 전	脫 탈	消 소

佛 불	門 문	救 구	脫 탈	一 일	別 별	得 득
色 색	無 무	護 호	門 문	切 체	解 해	普 보
身 신	邊 변	音 음	德 덕	衆 중	脫 탈	現 현
及 급	步 보	滅 멸	叉 차	生 생	門 문	無 무
住 주	龍 용	除 제	迦 가	大 대	雲 운	邊 변
劫 겁	王 왕	一 일	龍 용	喜 희	幢 당	佛 불
次 차	得 득	切 체	王 왕	樂 락	龍 용	世 세
第 제	示 시	怖 포	得 득	福 복	王 왕	界 계
解 해	現 현	畏 외	以 이	德 덕	得 득	建 건
脫 탈	一 일	解 해	淸 청	海 해	開 개	立 립
門 문	切 체	脫 탈	淨 정	解 해	示 시	差 차

清淨色速疾龍王得出生一
청정색속질용왕득출생일

切衆生大愛樂歡喜海解脫
체중생대애락환희해해탈

門普行大音龍王得示現一
문보행대음용왕득시현일

切平等悅意無礙音解脫門
체평등열의무애음해탈문

無熱惱龍王得大悲普覆
무열뇌용왕득대비보부

雲滅一切世間苦解脫門
운멸일체세간고해탈문

爾時毘樓博叉龍王承佛
이시비루박차용왕승불

威力普觀一切諸龍衆已卽說頌言 (위력보관일체제용중이즉설송언)

汝觀如來法常爾 (여관여래법상이)
一切衆生咸利益 (일체중생함이익)
能以大慈哀愍力 (능이대자애민력)
拔彼畏塗淪墜者 (발피외도윤추자)
一切衆生種種別 (일체중생종종별)

於一毛端皆示現
어 일 모 단 개 시 현

神通變化滿世間
신 통 변 화 만 세 간

娑竭如是觀於佛
사 갈 여 시 관 어 불

佛以神通無限力
불 이 신 통 무 한 력

廣演名號等衆生
광 연 명 호 등 중 생

隨其所樂普使聞
수 기 소 락 보 사 문

如是雲音能悟解
여 시 운 음 능 오 해

無量無邊國土衆
무량무변국토중

佛能令入一毛孔
불능령입일모공

如來安坐彼會中
여래안좌피회중

此焰口龍之所見
차염구룡지소견

一切衆生瞋恚心
일체중생진에심

纏蓋愚癡深若海
전개우치심약해

如來慈愍皆滅除
여래자민개멸제

焰(염)龍(용)觀(관)此(차)能(능)明(명)見(견)
一(일)切(체)衆(중)生(생)福(복)德(덕)力(력)
佛(불)毛(모)孔(공)中(중)皆(개)顯(현)現(현)
現(현)已(이)令(영)歸(귀)大(대)福(복)海(해)
此(차)高(고)雲(운)幢(당)之(지)所(소)觀(관)
佛(불)身(신)毛(모)孔(공)發(발)智(지)光(광)
其(기)光(광)處(처)處(처)演(연)妙(묘)音(음)

衆(중)生(생)聞(문)者(지)除(제)憂(우)畏(외)
德(덕)叉(차)迦(가)龍(용)悟(오)斯(사)道(도)
三(삼)世(세)一(일)切(체)諸(제)如(여)來(래)
國(국)土(토)莊(장)嚴(엄)劫(겁)次(차)第(제)
如(여)是(시)皆(개)於(어)佛(불)身(신)現(현)
廣(광)步(보)見(견)此(차)神(신)通(통)力(력)
我(아)觀(관)如(여)來(래)往(왕)昔(석)行(행)

供養一切諸佛海
공양일체제불해

於彼咸增喜樂心
어피함증희락심

此速疾龍之所入
차속질용지소입

佛以方便隨類音
불이방편수류음

爲衆說法令歡喜
위중설법영환희

其音清雅衆所悅
기음청아중소열

普行聞此心欣悟
보행문차심흔오

衆生逼迫諸有中
業惑漂轉無人救
佛以大悲令解脫
無熱大龍能悟此
復次毘沙門夜叉王得以
無邊方便救護惡衆生解脫
門自在音夜叉王得普觀察

衆生方便救護解脫門嚴持
중생방편구호해탈문엄지

器仗夜叉王得能資益一切
기장야차왕득능자익일체

甚羸惡衆生解脫門大智慧
심리악중생해탈문대지혜

夜叉王得稱揚一切聖功德
야차왕득칭양일체성공덕

海解脫門眼焰主夜叉王得
해해탈문안염주야차왕득

普觀察一切衆生大悲智解
보관찰일체중생대비지해

脫門金剛眼夜叉王得種種
탈문금강안야차왕득종종

方(방)便(편)利(이)益(익)安(안)樂(락)一(일)切(체)衆(중)生(생)解(해)
脫(탈)門(문)勇(용)健(건)臂(비)夜(야)叉(차)王(왕)得(득)普(보)入(입)
一(일)切(체)諸(제)法(법)義(의)解(해)脫(탈)門(문)勇(용)敵(적)大(대)
軍(군)夜(야)叉(차)王(왕)得(득)守(수)護(호)一(일)切(체)衆(중)生(생)
令(영)住(주)於(어)道(도)無(무)空(공)過(과)者(자)解(해)脫(탈)門(문)
富(부)財(재)夜(야)叉(차)王(왕)得(득)增(증)長(장)一(일)切(체)衆(중)
生(생)福(복)德(덕)聚(취)令(영)恒(항)受(수)快(쾌)樂(락)解(해)脫(탈)

門力壞高山夜叉王得隨順憶念出生佛力智光明解脫門
(문력괴고산야차왕득수순억념출생불력지광명해탈문)

爾時多聞大夜叉王承佛威力普觀一切夜叉衆會而說頌言
(이시다문대야차왕승불위력보관일체야차중회이설송언)

衆生罪惡深可怖
(중생죄악심가포)

於百千劫不見佛 어백천겁불견불
漂流生死受衆苦 표류생사수중고
爲救是等佛興世 위구시등불흥세
如來救護諸世間 여래구호제세간
悉現一切衆生前 실현일체중생전
息彼畏塗輪轉苦 식피외도윤전고
如是法門音主入 여시법문음주입

衆生惡業爲重障 (중생악입위중장)
佛示妙理令開解 (불시묘리영개해)
譬以明燈照世間 (비이명등조세간)
此法嚴仗能觀見 (차법엄장능관견)
佛昔劫海修諸行 (불석겁해수제행)
稱讚十方一切佛 (칭찬시방일체불)
故有高遠大名聞 (고유고원대명문)

此智慧王之所了
차지혜왕지소료

智慧如空無有邊
지혜여공무유변

法身廣大不思議
법신광대불사의

是故十方皆出現
시고시방개출현

焰目於此能觀察
염목어차능관찰

一切趣中演妙音
일체취중연묘음

說法利益諸群生
설법이익제군생

其聲所暨衆苦滅 (기성소기중고멸)
入此方便金剛眼 (입차방편금강안)
一切甚深廣大義 (일체심심광대의)
如來一句能演說 (여래일구능연설)
如是教理等世間 (여시교리등세간)
勇健慧王之所悟 (용건혜왕지소오)
一切衆生住邪道 (일체중생주사도)

佛示正道不思議
불시정도불사의

普使世間成法器
보사세간성법기

此勇敵軍能悟解
차용적군능오해

世間所有衆福業
세간소유중복업

一切皆由佛光照
일체개유불광조

佛智慧海難測量
불지혜해난측량

如是富財之解脫
여시부재지해탈

憶念往劫無央數
억념왕겁무앙수

佛於是中修十力
불어시중수십력

能令諸力皆圓滿
능령제력개원만

此高幢王所了知
차고당왕소료지

復次善慧摩睺羅伽王得
부차선혜마후라가왕득

以一切神通方便令衆生集
이일체신통방편영중생집

功德解脫門淨威音摩睺羅
공덕해탈문정위음마후라

伽(가)王(왕)得(득)使(사)一(일)切(체)衆(중)生(생)除(제)煩(번)惱(뇌)

得(득)清(청)涼(량)悅(열)樂(락)解(해)脫(탈)門(문)勝(승)慧(혜)莊(장)

嚴(엄)髻(계)摩(마)睺(후)羅(라)伽(가)王(왕)得(득)普(보)使(사)一(일)

切(체)善(선)不(불)善(선)思(사)覺(각)衆(중)生(생)入(입)清(청)淨(정)

法(법)解(해)脫(탈)門(문)妙(묘)目(목)主(주)摩(마)睺(후)羅(라)伽(가)

王(왕)得(득)了(요)達(달)一(일)切(체)無(무)所(소)着(착)福(복)德(덕)

自(자)在(재)平(평)等(등)相(상)解(해)脫(탈)門(문)燈(등)幢(당)摩(마)

睺羅伽王得開示一切衆生
후라가왕득개시일체중생

令離黑暗怖畏道解脫門最
영리흑암포외도해탈문최

勝光明幢摩睺羅伽王得了
승광명당마후라가왕득요

知一切佛功德生歡喜解脫
지일체불공덕생환희해탈

門師子臆摩睺羅伽王得勇
문사자억마후라가왕득용

猛力爲一切衆生救護主解
맹력위일체중생구호주해

脫門衆妙莊嚴音摩睺羅伽
탈문중묘장엄음마후라가

사경의 공덕은 십만억 부처님께 공양한 것과 같은 공덕이 있습니다.

王得令一切衆生隨憶念生
왕득령일체중생수억념생

無邊喜樂解脫門須彌臆摩
무변희락해탈문수미억마

睺羅伽王得於一切所緣決
후라가왕득어일체소연결

定不動到彼岸滿足解脫門
정부동도피안만족해탈문

可愛樂光明摩睺羅伽王得
가애락광명마후라가왕득

爲一切不平等衆生開示平
위일체불평등중생개시평

等道解脫門
등도해탈문

爾(이)時(시)善(선)慧(혜)威(위)光(광)摩(마)睺(후)羅(라)伽(가)
王(왕)承(승)佛(불)威(위)力(력)普(보)觀(관)一(일)切(체)摩(마)睺(후)
羅(라)伽(가)衆(중)而(이)說(설)頌(송)言(언)

汝(여)觀(관)如(여)來(래)性(성)清(청)淨(정)
普(보)現(현)威(위)光(광)利(이)群(군)品(품)
示(시)甘(감)露(로)道(도)使(사)清(청)涼(량)
衆(중)苦(고)永(영)滅(멸)無(무)所(소)依(의)

一切衆生居有海
일체중생거유해

諸惡業惑自纏覆
제악업혹자전부

示彼所行寂靜法
시피소행적정법

離塵威音能善了
이진위음능선료

佛智無等叵思議
불지무등파사의

知衆生心無不盡
지중생심무부진

爲彼闡明淸淨法
위피천명청정법

如是嚴鬐心能悟 (여시엄세심능오)
無量諸佛現世間 (무량제불현세간)
普爲衆生作福田 (보위중생작복전)
福海廣大深難測 (복해광대심난측)
妙目大王能悉見 (묘목대왕능실견)
一切衆生憂畏苦 (일체중생우외고)
佛普現前而救護 (불보현전이구호)

法界虛空靡不周
此是燈幢所行境
佛一毛孔諸功德
世間共度不能了
無邊無盡同虛空
如是廣大光幢見
如來通達一切法

於彼法性皆明照 (어피법성개명조)
如須彌山不傾動 (여수미산불경동)
入此法門師子臆 (입차법문사자억)
佛於往昔廣大劫 (불어왕석광대겁)
集歡喜海深無盡 (집환희해심무진)
是故見者靡不欣 (시고견자미불흔)
此法嚴音之所入 (차법엄음지소입)

了知法界無形相 (요지법계무형상)
波羅蜜海悉圓滿 (바라밀해실원만)
大光普救諸衆生 (대광보구제중생)
山億能知此方便 (산억능지차방편)
汝觀如來自在力 (여관여래자재력)
十方降現罔不均 (시방강현망불균)
一切衆生咸照悟 (일체중생함조오)

一 일	脫 탈	無 무	門 문	王 왕		
切 체	門 문	上 상	妙 묘	得 득	復 부	
功 공	種 종	法 법	華 화	普 보	次 차	此 차
德 덕	種 종	喜 희	幢 당	生 생	善 선	妙 묘
滿 만	莊 장	令 영	緊 긴	一 일	慧 혜	光 광
足 족	嚴 엄	一 일	那 나	切 체	光 광	明 명
廣 광	緊 긴	切 체	羅 라	喜 희	明 명	能 능
大 대	那 나	受 수	王 왕	樂 락	天 천	善 선
清 청	羅 라	安 안	得 득	業 업	緊 긴	入 입
淨 정	王 왕	樂 락	能 능	解 해	那 나	
信 신	得 득	解 해	生 생	脫 탈	羅 라	

사경의 공덕은 십만억 부처님께 공양한 것과 같은 공덕이 있습니다.

切 체	普 보	切 체	明 명	聞 문	羅 라	解 해
妙 묘	樂 락	衆 중	緊 긴	者 자	王 왕	藏 장
色 색	見 견	生 생	那 나	離 이	得 득	解 해
身 신	緊 긴	令 영	羅 라	憂 우	恒 항	脫 탈
解 해	那 나	覺 각	王 왕	怖 포	出 출	門 문
脫 탈	羅 라	悟 오	得 득	解 해	一 일	悅 열
門 문	王 왕	所 소	大 대	脫 탈	切 체	意 의
最 최	得 득	緣 연	悲 비	門 문	悅 열	吼 후
勝 승	示 시	解 해	安 안	寶 보	意 의	聲 성
光 광	現 현	脫 탈	立 립	樹 수	聲 성	緊 긴
莊 장	一 일	門 문	一 일	光 광	令 영	那 나

사경의 공덕은 십만억 부처님께 공양한 것과 같은 공덕이 있습니다.

猛 맹	一 일	門 문	察 찰	微 미	勝 승	嚴 엄
主 주	切 체	動 동	一 일	妙 묘	莊 장	緊 긴
緊 긴	利 이	地 지	切 체	華 화	嚴 엄	那 나
那 나	益 익	力 력	世 세	幢 당	果 과	羅 라
羅 라	衆 중	緊 긴	間 간	緊 긴	所 소	王 왕
王 왕	生 생	那 나	業 업	那 나	從 종	得 득
得 득	事 사	羅 라	所 소	羅 라	生 생	了 요
善 선	解 해	王 왕	生 생	王 왕	業 업	知 지
知 지	脫 탈	得 득	報 보	得 득	解 해	一 일
一 일	門 문	恒 항	解 해	善 선	脫 탈	切 체
切 체	威 위	起 기	脫 탈	觀 관	門 문	殊 수

緊(긴)那(나)羅(라)心(심)巧(교)攝(섭)御(어)解(해)脫(탈)門(문)

爾(이)時(시)善(선)慧(혜)光(광)明(명)天(천)緊(긴)那(나)羅(라)

王(왕)承(승)佛(불)威(위)力(력)普(보)觀(관)一(일)切(체)緊(긴)那(나)

羅(라)衆(중)而(이)說(설)頌(송)言(언)

世(세)間(간)所(소)有(유)安(안)樂(락)事(사)

一(일)切(체)皆(개)由(유)見(견)佛(불)興(흥)

導(도)師(사)利(리)益(익)諸(제)衆(중)生(생)

普作救護歸依處 (보작구호귀의처)

出生一切諸喜樂 (출생일체제희락)

世間咸得無有盡 (세간함득무유진)

能令見者不唐捐 (능영견자불당연)

此是華幢之所悟 (차시화당지소오)

佛功德海無有盡 (불공덕해무유진)

求其邊際不可得 (구기변제불가득)

光明普照於十方 (광명보조어시방)
此莊嚴王之解脫 (차장엄왕지해탈)
如來大音常演暢 (여래대음상연창)
開示離憂眞實法 (개시이우진실법)
衆生聞者咸欣悅 (중생문자함흔열)
如是吼聲能信受 (여시후성능신수)
我觀如來自在力 (아관여래자재력)

皆(개)由(유)往(왕)昔(석)所(소)修(수)行(행)
大(대)悲(비)救(구)物(물)令(영)淸(청)淨(정)
此(차)寶(보)樹(수)王(왕)能(능)悟(오)入(입)
如(여)來(래)難(난)可(가)得(득)見(견)聞(문)
衆(중)生(생)億(억)劫(겁)時(시)乃(내)遇(우)
衆(중)相(상)爲(위)嚴(엄)悉(실)具(구)足(족)
此(차)樂(락)見(견)王(왕)之(지)所(소)覩(도)

汝觀如來大智慧
여관여래대지혜

普應群生心所欲
보응군생심소욕

一切智道靡不宣
일체지도미불선

最勝莊嚴此能了
최승장엄차능료

業海廣大不思議
업해광대불사의

衆生苦樂皆從起
중생고락개종기

如是一切能開示
여시일체능개시

此華幢王所了知 (차화당왕소료지)
諸佛神通無間歇 (제불신통무간헐)
十方大地恒震動 (시방대지항진동)
一切衆生莫能知 (일체중생막능지)
此廣大力恒明見 (차광대력항명견)
處於衆會現神通 (처어중회현신통)
放大光明令覺悟 (방대광명영각오)

顯示一切如來境
현시일체여래경

此威猛主能觀察
차위맹주능관찰

復次大速疾力迦樓羅王
부차대속질력가루라왕

得無着無礙眼普觀察衆生
득무착무애안보관찰중생

界解脫門不可壞寶髻迦樓
계해탈문불가괴보계가루

羅王得普安住法界敎化衆
라왕득보안주법계교화중

生解脫門淸淨速疾迦樓羅
생해탈문청정속질가루라

王(왕)得(득)普(보)成(성)就(취)波(바)羅(라)蜜(밀)精(정)進(진)力(력)
解(해)脫(탈)門(문)不(불)退(퇴)心(심)莊(장)嚴(엄)迦(가)樓(루)羅(라)
王(왕)得(득)勇(용)猛(맹)力(력)入(입)如(여)來(래)境(경)界(계)解(해)
脫(탈)門(문)堅(견)法(법)淨(정)光(광)迦(가)樓(루)羅(라)王(왕)得(득)
成(성)就(취)無(무)邊(변)衆(중)生(생)差(차)別(별)智(지)解(해)脫(탈)
門(문)妙(묘)嚴(엄)冠(관)髻(계)迦(가)樓(루)羅(라)王(왕)得(득)莊(장)
嚴(엄)佛(불)法(법)城(성)解(해)脫(탈)門(문)普(보)捷(첩)示(시)現(현)

사경의 공덕은 십만억 부처님께 공양한 것과 같은 공덕이 있습니다.

迦樓羅王得成就不可壞平
가루라왕득성취불가괴평

等力解脫門普觀海迦樓羅
등력해탈문보관해가루라

王得了知一切衆生身而爲
왕득료지일체중생신이위

現形解脫門龍音大目精迦
현형해탈문용음대목정가

樓羅王得普入一切衆生歿
루라왕득보입일체중생몰

生行智解脫門
생행지해탈문

爾時大速疾力迦樓羅王
이시대속질력가루라왕

사경의 공덕은 십만억 부처님께 공양한 것과 같은 공덕이 있습니다.

承佛威力普觀一切迦樓羅
승불위력보관일체가루라

衆而說頌言
중이설송언

佛眼廣大無邊際
불안광대무변제

普見十方諸國土
보견시방제국토

其中衆生不可量
기중중생불가량

現大神通悉調伏
현대신통실조복

佛神通力無所礙
불신통력무소애

徧坐十方覺樹下
변좌시방각수하

演法如雲悉充滿
연법여운실충만

寶髻聽聞心不逆
보계청문심불역

佛於往昔修諸行
불어왕석수제행

普淨廣大波羅蜜
보정광대바라밀

供養一切諸如來
공양일체제여래

此速疾王深信解
차속질왕심신해

如來一一毛孔中 (여래일일모공중)
一念普現無邊行 (일념보현무변행)
如是難思佛境界 (여시난사불경계)
不退莊嚴悉明覩 (불퇴장엄실명도)
佛行廣大不思議 (불행광대불사의)
一切衆生莫能測 (일체중생막능측)
導師功德智慧海 (도사공덕지혜해)

此執持王所行處 (차집지왕소행처)
如來無量智慧光 (여래무량지혜광)
能滅衆生癡惑網 (능멸중생치혹망)
一切世間咸救護 (일체세간함구호)
此是堅法所持說 (차시견법소지설)
法城廣大不可窮 (법성광대불가궁)
其門種種無數量 (기문종종무수량)

如來處世大開闡 (여래처세대개천)
此妙冠髻能明入 (차묘관계능명입)
一切諸佛一法身 (일체제불일법신)
眞如平等無分別 (진여평등무분별)
佛以此力常安住 (불이차력상안주)
普捷現王斯具演 (보첩현왕사구연)
佛昔諸有攝衆生 (불석제유섭중생)

普放光明徧世間 보방광명변세간
種種方便示調伏 종종방편시조복
此勝法門觀海悟 차승법문관해오
佛觀一切諸國土 불관일체제국토
悉依業海而安住 실의업해이안주
普雨法雨於其中 보우법우어기중
龍音解脫能如是 용음해탈능여시

復(부)次(차)羅(라)睺(후)阿(아)修(수)羅(라)王(왕)得(득)現(현)
爲(위)大(대)會(회)尊(존)勝(승)主(주)解(해)脫(탈)門(문)毘(비)摩(마)
質(질)多(다)羅(라)阿(아)修(수)羅(라)王(왕)得(득)示(시)現(현)無(무)
量(량)劫(겁)解(해)脫(탈)門(문)巧(교)幻(환)術(술)阿(아)修(수)羅(라)
王(왕)得(득)消(소)滅(멸)一(일)切(체)衆(중)生(생)苦(고)令(영)淸(청)
淨(정)解(해)脫(탈)門(문)大(대)眷(권)屬(속)阿(아)修(수)羅(라)王(왕)
得(득)修(수)一(일)切(체)苦(고)行(행)自(자)莊(장)嚴(엄)解(해)脫(탈)

因 인	善 선	嚴 엄	切 체	修 수	方 방	門 문
慧 혜	根 근	阿 아	衆 중	羅 라	無 무	婆 바
阿 아	淨 정	修 수	生 생	王 왕	邊 변	稚 치
修 수	諸 제	羅 라	解 해	得 득	境 경	阿 아
羅 라	染 염	王 왕	脫 탈	種 종	界 계	修 수
王 왕	着 착	得 득	門 문	種 종	解 해	羅 라
得 득	解 해	普 보	堅 견	方 방	脫 탈	王 왕
大 대	脫 탈	集 집	固 고	便 편	門 문	得 득
悲 비	門 문	不 불	行 행	安 안	徧 변	震 진
力 력	廣 광	可 가	妙 묘	立 립	照 조	動 동
無 무	大 대	壞 괴	莊 장	一 일	阿 아	十 시

疑惑主解脫門現勝德阿修
의혹주해탈문현승덕아수

羅王得普令見佛承事供養
라왕득보령견불승사공양

修諸善根解脫門善音阿修
수제선근해탈문선음아수

羅王得普入一切趣決定平
라왕득보입일체취결정평

等行解脫門
등행해탈문

爾時羅睺阿修羅王承佛
이시라후아수라왕승불

威力普觀一切阿修羅衆而
위력보관일체아수라중이

說頌言
설송언

十方所有廣大衆
시방소유광대중

佛在其中最殊特
불재기중최수특

光明徧照等虛空
광명변조등허공

普現一切衆生前
보현일체중생전

百千萬劫諸佛土
백천만겁제불토

一刹那中悉明現
일찰나중실명현

사경의 공덕은 십만억 부처님께 공양한 것과 같은 공덕이 있습니다.

舒光化物靡不周 (서광화물미부주)

如是毘摩深讚喜 (여시비마심찬희)

如來境界無與等 (여래경계무여등)

種種法門常利益 (종종법문상이익)

衆生有苦皆令滅 (중생유고개영멸)

苦末羅王此能見 (고말라왕차능견)

無量劫中修苦行 (무량겁중수고행)

사경의 공덕은 십만억 부처님께 공양한 것과 같은 공덕이 있습니다.

利益衆生淨世間
이익중생정세간

由是牟尼智普成
유시모니지보성

大眷屬王斯見佛
대권속왕사견불

無礙無等大神通
무애무등대신통

徧動十方一切刹
변동시방일체찰

不使衆生有驚怖
불사중생유경포

大力於此能明了
대력어차능명료

佛出於世救衆生
불출어세구중생

一切智道咸開示
일체지도함개시

悉令捨苦得安樂
실령사고득안락

此義徧照所弘闡
차의변조소홍천

世間所有衆福海
세간소유중복해

佛力能生普令淨
불력능생보영정

佛能開示解脫處
불능개시해탈처

堅(견)行(행)莊(장)嚴(엄)入(입)此(차)門(문)
佛(불)大(대)悲(비)身(신)無(무)與(여)等(등)
周(주)行(행)無(무)礙(애)悉(실)令(령)見(견)
猶(유)如(여)影(영)像(상)現(현)世(세)間(간)
因(인)慧(혜)能(능)宣(선)此(차)功(공)德(덕)
希(희)有(유)無(무)等(등)大(대)神(신)通(통)
處(처)處(처)現(현)身(신)充(충)法(법)界(계)

各在菩提樹下坐 (각재보리수하좌)

此義勝德能宣說 (차의승덕능선설)

如來往修三世行 (여래왕수삼세행)

諸趣輪迴靡不經 (제취윤회미불경)

脫衆生苦無有餘 (탈중생고무유여)

此妙音王所稱讚 (차묘음왕소칭찬)

復次示現宮殿主晝神得 (부차시현궁전주주신득)

無 무	門 문	放 방	脫 탈	衆 중	慧 혜	普 보
邊 변	華 화	無 무	門 문	生 생	香 향	入 입
衆 중	香 향	邊 변	樂 낙	皆 개	主 주	一 일
生 생	妙 묘	可 가	勝 승	利 이	晝 주	切 체
淸 청	光 광	愛 애	莊 장	益 익	神 신	世 세
淨 정	主 주	樂 락	嚴 엄	令 영	得 득	間 간
信 신	晝 주	法 법	主 주	歡 환	普 보	解 해
解 해	神 신	光 광	晝 주	喜 희	觀 관	脫 탈
心 심	得 득	明 명	神 신	滿 만	察 찰	門 문
解 해	開 개	解 해	得 득	足 족	一 일	發 발
脫 탈	發 발	脫 탈	能 능	解 해	切 체	起 기

力 력	法 법	門 문	苦 고	喜 희	莊 장	門 문
主 주	界 계	觀 관	樂 락	目 목	嚴 엄	普 보
晝 주	差 차	方 방	衆 중	主 주	普 보	集 집
神 신	別 별	普 보	生 생	晝 주	光 광	妙 묘
得 득	身 신	現 현	皆 개	神 신	明 명	藥 약
救 구	解 해	主 주	令 령	得 득	力 력	主 주
護 호	脫 탈	晝 주	得 득	普 보	解 해	晝 주
一 일	門 문	神 신	法 법	開 개	脫 탈	神 신
切 체	大 대	得 득	樂 락	悟 오	門 문	得 득
衆 중	悲 비	十 시	解 해	一 일	樂 낙	積 적
生 생	威 위	方 방	脫 탈	切 체	作 작	集 집

사경의 공덕은 십만억 부처님께 공양한 것과 같은 공덕이 있습니다.

令安樂解脫門善根光照主 (영안락해탈문선근광조주)
晝神得普生喜足功德力解 (주신득보생희족공덕력해)
脫門妙華瓔珞主晝神得聲 (탈문묘화영락주주신득성)
稱普聞衆生見者皆獲益解 (칭보문중생견자개획익해)
脫門 (탈문)
爾時示現宮殿主晝神承 (이시시현궁전주주신승)
佛威力普觀一切主晝神衆 (불위력보관일체주주신중)

사경의 공덕은 십만억 부처님께 공양한 것과 같은 공덕이 있습니다.

而說頌言
이설송언

佛智如空無有盡
불지여공무유진

光明照耀徧十方
광명조요변시방

衆生心行悉了知
중생심행실료지

一切世間無不入
일체세간무불입

知諸衆生心所樂
지제중생심소락

如應爲說衆法海
여응위설중법해

句義廣大各不同 (구의광대각부동)

具足慧神能悉見 (구족혜신능실견)

佛放光明照世間 (불방광명조세간)

見聞歡喜不唐捐 (견문환희부당연)

示其深廣寂滅處 (시기심광적멸처)

此樂莊嚴心悟解 (차락장엄심오해)

佛雨法雨無邊量 (불우법우무변량)

能令見者大歡喜 (능령견자대환희)

最勝善根從此生 (최승선근종차생)

如是妙光心所悟 (여시묘광심소오)

普入法門開悟力 (보입법문개오력)

曠劫修持悉清淨 (광겁수지실청정)

如是皆爲攝衆生 (여시개위섭중생)

此妙藥神之所了 (차묘약신지소료)

種種方便化群生
종종방편화군생

若見若聞咸受益
약견약문함수익

皆令踊躍大歡喜
개령용약대환희

妙眼晝神如是見
묘안주신여시견

十力應現徧世間
십력응현변세간

十方法界悉無餘
시방법계실무여

體性非無亦非有
체성비무역비유

사경의 공덕은 십만억 부처님께 공양한 것과 같은 공덕이 있습니다.

此觀方神之所入
차관방신지소입

衆生流轉險難中
중생유전험난중

如來哀愍出世間
여래애민출세간

悉令除滅一切苦
실령제멸일체고

此解脫門悲力住
차해탈문비력주

衆生闇覆淪永夕
중생암부륜영석

佛爲說法大開曉
불위설법대개효

皆使得樂除衆苦
개사득락제중고

大善光神入此門
대선광신입차문

如來福量同虛空
여래복량동허공

世間衆福悉從生
세간중복실종생

凡有所作無空過
범유소작무공과

如是解脫華纓得
여시해탈화영득

復次普德淨光主夜神得
부차보덕정광주야신득

사경의 공덕은 십만억 부처님께 공양한 것과 같은 공덕이 있습니다.

寂(적)靜(정)禪(선)定(정)樂(락)大(대)勇(용)健(건)解(해)脫(탈)門(문)

喜(희)眼(안)觀(관)世(세)主(주)夜(야)神(신)得(득)廣(광)大(대)清(청)

淨(정)可(가)愛(애)樂(락)功(공)德(덕)相(상)解(해)脫(탈)門(문)護(호)

世(세)精(정)氣(기)主(주)夜(야)神(신)得(득)普(보)現(현)世(세)間(간)

調(조)伏(복)衆(중)生(생)解(해)脫(탈)門(문)寂(적)靜(정)海(해)音(음)

主(주)夜(야)神(신)得(득)積(적)集(집)廣(광)大(대)歡(환)喜(희)心(심)

解(해)脫(탈)門(문)普(보)現(현)吉(길)祥(상)主(주)夜(야)神(신)得(득)

解 해	主 주	成 성	護 호	足 족	普 보	甚 심
脫 탈	夜 야	熟 숙	育 육	廣 광	發 발	深 심
門 문	神 신	善 선	主 주	大 대	樹 수	自 자
諸 제	得 득	根 근	夜 야	歡 환	華 화	在 재
根 근	救 구	解 해	神 신	喜 희	主 주	悅 열
常 상	護 호	脫 탈	得 득	藏 장	夜 야	意 의
喜 희	衆 중	門 문	開 개	解 해	神 신	言 언
主 주	生 생	遊 유	悟 오	脫 탈	得 득	音 음
夜 야	無 무	戲 희	衆 중	門 문	光 광	解 해
神 신	邊 변	快 쾌	生 생	平 평	明 명	脫 탈
得 득	慈 자	樂 락	令 영	等 등	滿 만	門 문

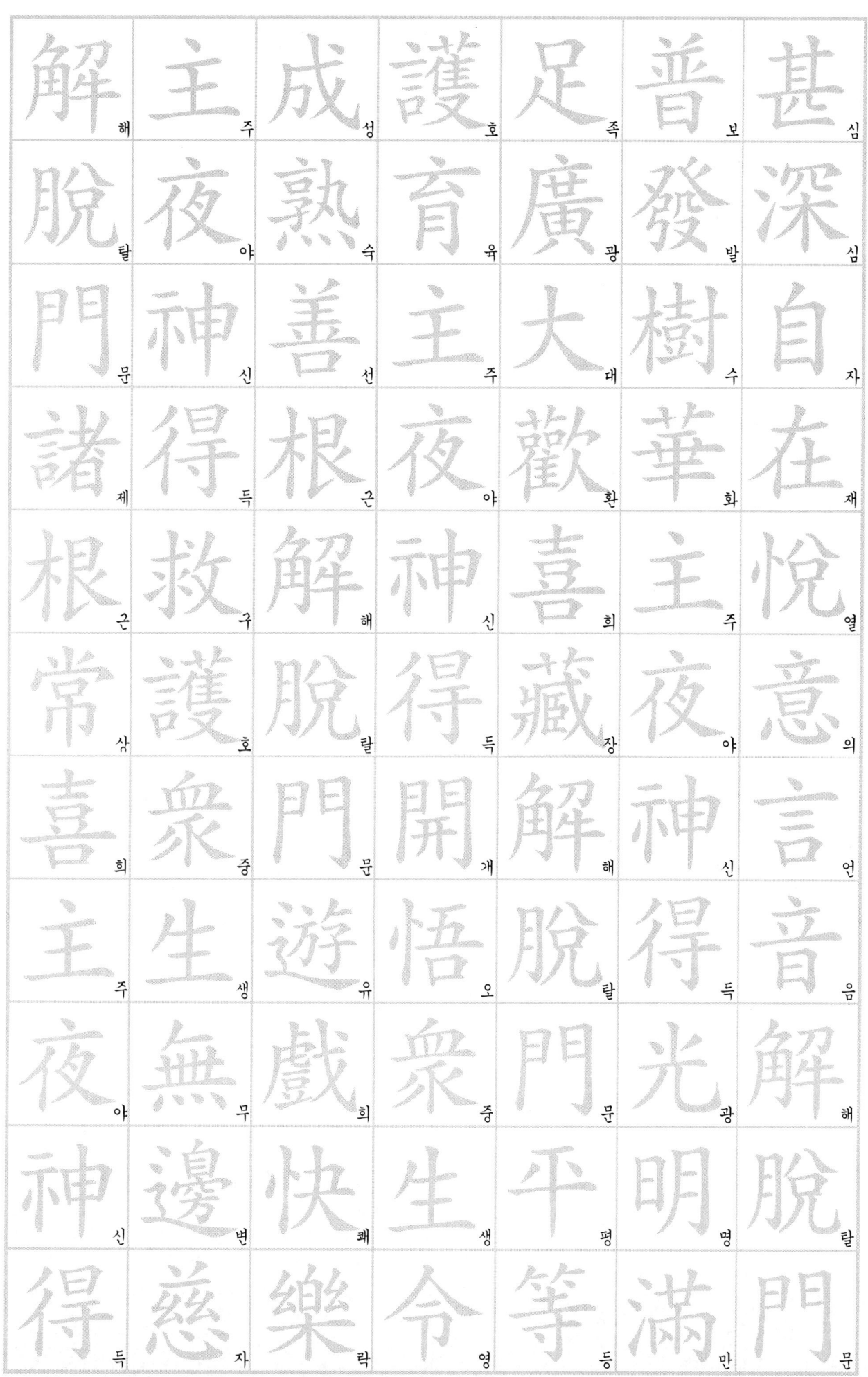

普現莊嚴大悲門解脫門示
現淨福主夜神得普使一切
衆生所樂滿足解脫門
爾時普德淨光主夜神承
佛威力徧觀一切主夜神衆
而說頌言
汝等應觀佛所行

사경의 공덕은 십만억 부처님께 공양한 것과 같은 공덕이 있습니다.

廣大寂靜虛空相
광 대 적 정 허 공 상

欲海無涯悉治淨
욕 해 무 애 실 치 정

離垢端嚴照十方
이 구 단 엄 조 시 방

一切世間咸樂見
일 체 세 간 함 락 견

無量劫海時一遇
무 량 겁 해 시 일 우

大悲念物靡不周
대 비 념 물 미 부 주

此解脫門觀世覩
차 해 탈 문 관 세 도

導師救護諸世間
도사구호제세간

衆生悉見在其前
중생실견재기전

能令諸趣皆清淨
능령제취개청정

如是護世能觀察
여시호세능관찰

佛昔修治歡喜海
불석수치환희해

廣大無邊不可測
광대무변불가측

是故見者咸欣樂
시고견자함흔락

사경의 공덕은 십만억 부처님께 공양한 것과 같은 공덕이 있습니다.

此是寂音之所了
차시적음지소료

如來境界不可量
여래경계불가량

寂而能演遍十方
적이능연변시방

普使衆生意淸淨
보사중생의청정

尸利夜神聞踊悅
시리야신문용열

佛於無福衆生中
불어무복중생중

大福莊嚴甚威耀
대복장엄심위요

示彼離塵寂滅法
시피이진적멸법

普發華神悟斯道
보발화신오사도

十方普現大神通
시방보현대신통

一切衆生悉調伏
일체중생실조복

種種色相皆令見
종종색상개령견

此護育神之所觀
차호육신지소관

如來往昔念念中
여래왕석념념중

悉淨方便慈悲海
실정방편자비해

救護世間無不徧
구호세간무불편

此福樂神之解脫
차복락신지해탈

衆生愚癡常亂濁
중생우치상란탁

其心堅毒甚可畏
기심견독심가외

如來慈愍爲出興
여래자민위출흥

此滅冤神能悟喜
차멸원신능오희

佛昔修行爲衆生
불석수행위중생

一切願欲皆令滿
일체원욕개령만

由是具成功德相
유시구성공덕상

此現福神之所入
차현복신지소입

復次徧住一切主方神得
부차변주일체주방신득

普救護力解脫門 普現光明
보구호력해탈문 보현광명

主方神得成辦化一切衆生
주방신득성판화일체중생

生 생	示 시	解 해	方 방	大 대	方 방	神 신
功 공	現 현	脫 탈	神 신	光 광	神 신	通 통
德 덕	等 등	門 문	得 득	明 명	得 득	業 업
解 해	一 일	永 영	普 보	解 해	破 파	解 해
脫 탈	切 체	斷 단	現 현	脫 탈	一 일	脫 탈
門 문	衆 중	迷 미	一 일	門 문	切 체	門 문
徧 변	生 생	惑 혹	切 체	周 주	闇 암	光 광
遊 유	數 수	主 주	處 처	行 행	障 장	行 행
淨 정	名 명	方 방	不 불	不 불	生 생	莊 장
空 공	號 호	神 신	唐 당	礙 애	喜 희	嚴 엄
主 주	發 발	得 득	勞 노	主 주	樂 락	主 주

方방 神신 得득 恒항 發발 妙묘 音음 令영 聽청 者자 皆개
歡환 喜희 解해 脫탈 門문 雲운 幢당 大대 音음 主주 方방
神신 得득 如여 龍용 普보 雨우 令영 衆중 生생 歡환 喜희
解해 脫탈 門문 髻계 目목 無무 亂란 主주 方방 神신 得득
示시 現현 一일 切체 衆중 生생 業업 無무 差차 別별 自자
在재 力력 解해 脫탈 門문 普보 觀관 世세 業업 主주 方방
神신 得득 觀관 察찰 一일 切체 趣취 生생 中중 種종 種종

業解脫門周徧遊覽主方神
업해탈문주변유람주방신

得所作事皆究竟生一切衆
득소작사개구경생일체중

生歡喜解脫門
생환희해탈문

爾時徧住一切主方神承
이시변주일체주방신승

佛威力普觀一切主方神衆
불위력보관일체주방신중

而說頌言
이설송언

如來自在出世間
여래자재출세간

教化一切諸群生
교화일체제군생

普示法門令悟入
보시법문영오입

悉使當成無上智
실사당성무상지

神通無量等衆生
신통무량등중생

隨其所樂示諸相
수기소락시제상

見者皆蒙出離苦
견자개몽출리고

此現光神解脫力
차현광신해탈력

佛於闇障衆生海
불어암장중생해

爲現法炬大光明
위현법거대광명

其光普照無不見
기광보조무불견

此行莊嚴之解脫
차행장엄지해탈

具足世間種種音
구족세간종종음

普轉法輪無不解
보전법륜무불해

衆生聽者煩惱滅
중생청자번뇌멸

此徧往神之所悟
차 변 왕 신 지 소 오

一切世間所有名
일 체 세 간 소 유 명

佛名等彼而出生
불 명 등 피 이 출 생

悉使衆生離癡惑
실 사 중 생 이 치 혹

此斷迷神所行處
차 단 미 신 소 행 처

若有衆生至佛前
약 유 중 생 지 불 전

得聞如來美妙音
득 문 여 래 미 묘 음

莫不心生大歡喜
막불심생대환희

徧遊虛空悟斯法
변유허공오사법

佛於一一刹那中
불어일일찰나중

普雨無邊大法雨
보우무변대법우

悉使衆生煩惱滅
실사중생번뇌멸

此雲幢神所了知
차운당신소료지

一切世間諸業海
일체세간제업해

佛悉開示等無異
불실개시등무이

普使衆生除業惑
보사중생제업혹

此髻目神之所了
차계목신지소료

一切智地無有邊
일체지지무유변

一切衆生種種心
일체중생종종심

如來照見悉明了
여래조견실명료

此廣大門觀世入
차광대문관세입

佛於往昔修諸行
無量諸度悉圓滿
大慈哀愍利眾生
此遍遊神之解脫
復次淨光普照主空神得
普知諸趣一切眾生心解脫
門
普遊深廣主空神得普入

光 광	思 사	廣 광	除 제	脫 탈	神 신	法 법
焰 염	惟 유	步 보	一 일	門 문	得 득	界 계
主 주	廣 광	妙 묘	切 체	離 이	了 요	解 해
空 공	大 대	髻 계	衆 중	障 장	達 달	脫 탈
神 신	行 행	主 주	生 생	安 안	無 무	門 문
得 득	海 해	空 공	業 업	住 주	邊 변	生 생
大 대	解 해	神 신	惑 혹	主 주	境 경	吉 길
悲 비	脫 탈	得 득	障 장	空 공	界 계	祥 상
光 광	門 문	普 보	解 해	神 신	身 신	風 풍
普 보	無 무	觀 관	脫 탈	得 득	相 상	主 주
救 구	礙 애	察 찰	門 문	能 능	解 해	空 공

사경의 공덕은 십만억 부처님께 공양한 것과 같은 공덕이 있습니다.

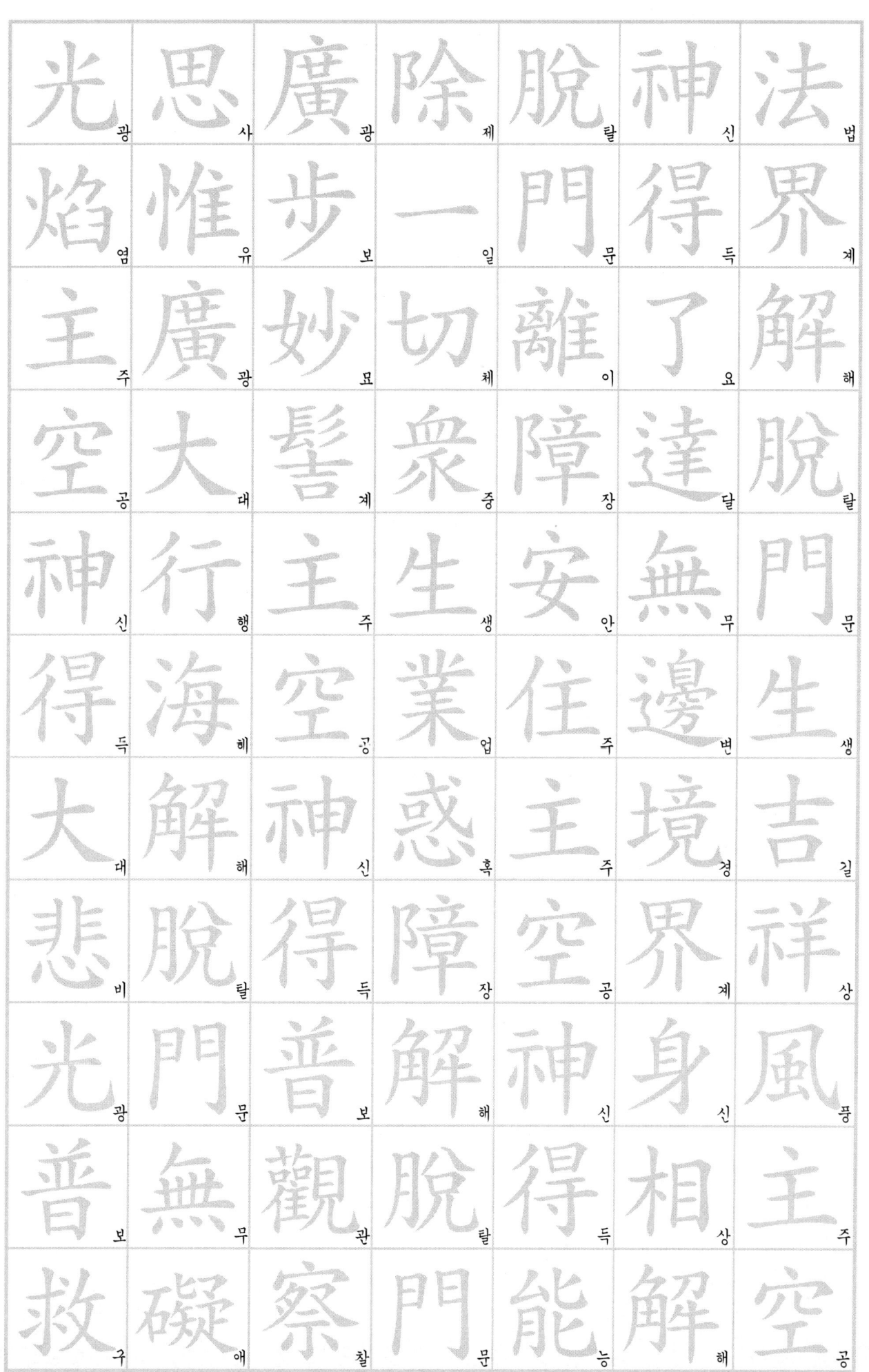

智 지	遠 원	生 생	光 광	無 무	礙 애	護 호
光 광	妙 묘	心 심	明 명	所 소	勝 승	一 일
明 명	音 음	離 이	主 주	着 착	力 력	切 체
解 해	主 주	諸 제	空 공	福 복	主 주	衆 중
脫 탈	空 공	蓋 개	神 신	德 덕	空 공	生 생
門 문	神 신	淸 청	得 득	力 력	神 신	厄 액
光 광	得 득	淨 정	能 능	解 해	得 득	難 난
徧 변	普 보	解 해	令 령	脫 탈	普 보	解 해
十 시	見 견	脫 탈	一 일	門 문	入 입	脫 탈
方 방	十 시	門 문	切 체	離 이	一 일	門 문
主 주	方 방	深 심	衆 중	垢 구	切 체	無 무

空神得不動本處而普現世 (공신득부동본처이보현세)
間解脫門 (간해탈문)

爾時淨光普照主空神承 (이시정광보조주공신승)
佛威力普觀一切主空神衆 (불위력보관일체주공신중)
而說頌言 (이설송언)

如來廣大目 (여래광대목)
淸淨如虛空 (청정여허공)
普見諸衆生 (보견제중생)
一切悉明了 (일체실명료)

佛身大光明 불신대광명
處處現前住 처처현전주
佛身如虛空 불신여허공
無得無自性 무득무자성
如來無量劫 여래무량겁
普滅衆生障 보멸중생장
我觀佛往昔 아관불왕석

偏照於十方 변조어시방
普遊觀此道 보유관차도
無生無所取 무생무소취
吉祥風所見 길상풍소견
廣說諸聖道 광설제성도
圓光悟此門 원광오차문
所集菩提行 소집보리행

佛 불	衆 중	隨 수	清 청	佛 불	一 일	悉 실
爲 위	生 생	以 이	淨 정	放 방	切 체	爲 위
放 방	癡 치	智 지	功 공	滅 멸	衆 중	安 안
光 광	所 소	開 개	德 덕	苦 고	生 생	世 세
明 명	覆 복	覺 각	藏 장	光 광	界 계	間 간
離 이	流 유	力 역	能 능	無 무	流 유	妙 묘
垢 구	轉 전	神 신	爲 위	礙 애	轉 전	髻 계
神 신	於 어	於 어	世 세	神 신	生 생	行 행
能 능	險 험	此 차	福 복	能 능	死 사	斯 사
證 증	道 도	悟 오	田 전	見 견	海 해	境 경

사경의 공덕은 십만억 부처님께 공양한 것과 같은 공덕이 있습니다.

智慧無邊際 悉現諸國土
지혜무변제 실현제국토

光明照世間 妙音斯見佛
광명조세간 묘음사견불

佛爲度衆生 修行徧十方
불위도중생 수행변시방

如是大願心 普現能觀察
여시대원심 보현능관찰

復次無礙光明主風神得
부차무애광명주풍신득

普入佛法及一切世間解脫
보입불법급일체세간해탈

門 普現勇業主風神 得無量
문 보현용업주풍신 득무량

國土佛出現咸廣大供養解
국토불출현함광대공양해

脫門飄擊雲幢主風神得以
탈문표격운당주풍신득이

香風普滅一切衆生病解脫
향풍보멸일체중생병해탈

門淨光莊嚴主風神得普生
문정광장엄주풍신득보생

一切衆生善根令摧滅重障
일체중생선근영최멸중장

山解脫門力能竭水主風神
산해탈문력능갈수주풍신

得能破無邊惡魔衆解脫門
득능파무변악마중해탈문

大聲徧吼主風神得永滅一
대성변후주풍신득영멸일

切衆生怖解脫門樹杪垂髻
체중생포해탈문수초수계

主風神得入一切諸法實相
주풍신득입일체제법실상

辯才海解脫門普行無礙主
변재해해탈문보행무애주

風神得調伏一切衆生方便
풍신득조복일체중생방편

藏解脫門種種宮殿主風神
장해탈문종종궁전주풍신

得入寂靜禪定門滅極重愚
득입적정선정문멸극중우

癡치 闇암 解해 脫탈 門문 大대 光광 普보 照조 主주 風풍
神신 得득 隨수 順순 一일 切체 衆중 生생 行행 無무 礙애
力력 解해 脫탈 門문
爾이 時시 無무 礙애 光광 明명 主주 風풍 神신 承승
佛불 威위 力력 普보 觀관 一일 切체 主주 風풍 神신 衆중
而이 說설 頌송 言언
一일 切체 諸제 佛불 法법 甚심 深심

無礙方便普能入
무애방편보능입

所有世間常出現
소유세간상출현

無相無形無影像
무상무형무영상

汝觀如來於往昔
여관여래어왕석

一念供養無邊佛
일념공양무변불

如是勇猛菩提行
여시용맹보리행

此普現神能悟了
차보현신능오료

如來救世不思議
여래구세부사의

所有方便無空過
소유방편무공과

悉使衆生離諸苦
실사중생이제고

此雲幢神之解脫
차운당신지해탈

衆生無福受衆苦
중생무복수중고

重蓋密障常迷覆
중개밀장상미부

一切皆令得解脫
일체개령득해탈

此淨光神所了知
차정광신소료지

如來廣大神通力
여래광대신통력

克殄一切魔軍衆
극진일체마군중

所有調伏諸方便
소유조복제방편

勇健威力能觀察
용건위력능관찰

佛於毛孔演妙音
불어모공연묘음

其音普徧於世間
기음보변어세간

一切苦畏皆令息
일체고외개령식

此偏吼神之所了
차변후신지소료

佛於一切衆刹海
불어일체중찰해

不思議劫常演說
불사의겁상연설

此如來地妙辯才
차여래지묘변재

樹杪髻神能悟解
수초계신능오해

佛於一切方便門
불어일체방편문

智入其中悉無礙 (지입기중실무애)
境界無邊無與等 (경계무변무여등)
此普行神之解脫 (차보행신지해탈)
如來境界無有邊 (여래경계무유변)
處處方便皆令見 (처처방편개령견)
而身寂靜無諸相 (이신적징무제상)
種種宮神解脫門 (종종궁신해탈문)

如來劫海修諸行
여래겁해수제행

一切諸力皆成滿
일체제력개성만

能隨世法應衆生
능수세법응중생

此普照神之所見
차보조신지소견

發 願 文

귀의 삼보하옵고

거룩하신 부처님께 발원하옵나이다.

주 소 : ________________________________

전 화 : ______________ 불 명 : ______________ 성 명 : ______________

불기 25 ________ 년 ________ 월 ________ 일